श्रुति

'तुम उस कलम की सुंदर स्याही हो..'

Shruti Soni

pencil

ISBN 978-93-5667-112-6
© Shruti Soni 2022
Published in India 2022 by Pencil

A brand of
One Point Six Technologies Pvt. Ltd.
123, Building J2, Shram Seva Premises,
Wadala Truck Terminal, Wadala (E)
Mumbai 400037, Maharashtra, INDIA
E connect@thepencilapp.com
W www.thepencilapp.com

Author biography

श्रुति सोनी[1]

लेखक के बारे में

'**श्रुति**'→ कविताओं और पंक्तिओं की अद्भुत गुटबंदी है जो कवयित्री श्रुति सोनी द्वारा लिखी गई है।

श्रुति, 19 साल की नौजवान है जिसने काव्य और कविताओं का लेखन कई साल पहले सातवीं कक्षा से शुरू करा था। शब्दों की गुटबंदी करना उसको बचपन से पसंद था। कभी अपनी स्कूल पत्रिका के लिए तो कभी अन्य स्तर की काव्य किताबों के लिए।

श्रुति एक खुश-मिज़ाज और मेहनती लड़की है जो अपने सफर में ठोकरों और रुकावटों से लड़कर आगे बढ़ती रहती है।

कविताएँ उसके लिए अपने मन के भाव व्यक्त करने का वो माध्यम जिस से वो इस दुनिया के अलग अलग किस्सों को आपस में जोड़ना चाहती है।

अभी २०२१ में श्रुति ने अंग्रेजी में कविताओं के स्तर पर आधारित अपनी पहली किताब "**Beads of Words**"प्रकाशित की थी जो की अंतरराष्ट्रीय स्तर पर भी मौजूद है।

हमारी कवयित्री इसी तरह मेहनत और लगन से अपने सपनों को पूरा करने में भरोसा रखती है और अपने शब्दों के द्वारा एक सकारात्मक सोच का निर्माण करने की कोशिश करती है।

CONTENTS

प्रस्तावना

**"कुछ पल उस ठंडी हवा के नाम करके देखो
गम को भुला कर कभी मुस्कुराकर भी देखो ।"**

शुरुआत में मुझे अंदाजा नही था कि शब्दों के मोतियों को एक धागे में पिरो कर खूबसूरत माला बनाई जा सकती है।
पहले खाली समय में कविताओं का लेखन करने में मेरी रूची थी फिर धीरे धीरे मन के भाव को कलम द्वारा व्यक्त करने में मेरी दिलचस्पी बढ़ती गई।
बचपन में स्कूल की पत्रिका के लिए कुछ पंक्तियाँ लिखा करती थी और जैसे जैसे समय बितता गया अन्य काव्य लेखन पढ़कर मैं उनसे प्रोत्साहित होने लगी।कलम मेरी ताकत है जिसकी स्याही के माध्यम से मैं इस दुनिया के हर उस अछूते छोर को छूना चाहती हूँ और लोगो की भावनाओं को कागज के टुकड़े पर उतारना चाहती हूँ।

पिछले साल अंग्रेजी में आई मेरी पहली किताब 'Beads of Words' के बाद मैं ने पीछे मुड़कर कभी नहीं देखा और ठोकरों को मात देकर आगे बढ़ते रहना का निश्चय किया I
यह किताब मेरी हिंदी रचना में पहली किताब हैं जो एक बहुत ही सुंदर भाव को अभिव्यक्त करती हैं।

समर्पण

श्री गणेशाय नमः

श्री गणेश से शुरूआत करते है जिन्होंने मुझे इतनी समर्था और सद्बुद्धि दी ।

मेरे प्रिय माता पिता को भी मेरा प्रणाम और धन्यवाद मुझे मेरे जीवन में हमेशा इसी तरह बढ़ावा देने और प्रोत्साहित करने के लिए। उम्मीद है आप दोनों का आशीर्वाद यू ही हमेशा बना रहेगा और उसी के माध्यम से मैं जीवन की ऊँचाईयों को छूकर आपका नाम रोशन करूँगी।

मेरे मित्रों को भी मेरा धन्यवाद हर मोड़ पर मेरा सहयोग करने और हमेशा मेरा साथ देने के लिए।

साथ ही साथ मेरे सभी गुरु को मेरा प्रणाम और धन्यवाद मेरे जीवन में उस प्रेरणा रूपी दीपक के सहारे उजाला भरने के लिएअन्य सभी को मेरा शुक्रिया जिन्होंने मेरा समर्थन करा

इस मुकाम तक पहुंचने के लिए और साथ ही मेरी खुशी में शामिल हो कर उसे सँवारने के लिए।

परिचय

'तुम उस कलम की सुंदर स्याही हो..'

"श्रुति" कई पंक्तियों और कविताओं का अद्भुत मिश्रण है जो एक बड़े ही सुंदर भाव को अभिव्यक्त करती है।

'श्रुति' जिस शब्द का अर्थ उस मधुर संगीत के स्वर से और उस खूबसूरती व वेद पुराणों के गुण से है जो इस विश्व की हर स्त्री में उनके दिव्य आभूषण के रूप में पाया जाता है, उसी 'श्रुति के अन्य किरदार इस किताब में काव्य और कविताओं द्वारा बखूबी दर्शाए गए है।

कृष्ण की राधा जैसे तो कभी कृष्ण के सुदामा जैसे, उस प्रिय की प्रियतमा इस जीवन के हर मोड़ पर साथी बनकर तो कभी अर्जुन के कृष्ण जैसे सारथी बनकर साथ निभाती है। जब शब्द कम पड़ जाए तो आँखें बयां कर जाती है और वो कलम की स्याही अनकही बातें अपनों तक बखूबी पहुँचाती है।

इन्हीं काव्य द्वारा उस प्रिय ने अपनी प्रियतमा के प्रति अपने भाव दर्शाते हुए बताया है की कैसे वो कभी चीर देने वाला तीर तो कभी गांडिव बन जाती है, चाँद की ठंडक के साथ साथ वो सूरज के तेज से अपना मुख सँवारति है, वक्त वक्त पर अपने किरदार को किस तरह वह बखूबी निभाती है।

1. बारिश की बूँदे

चेहरे पर हल्की सी मुस्कुराहट खिलखिलाती है
जब उस बारिश की बूंदों के साथ वो सुर और ताल मिलाती है ;
बादलों के बीच छुपे उस चाँद से बातें करती है,
वो उस टूटे और रूठे हुए को फिर से जीना सिखाती है।

2. इंतज़ार

इंतज़ार कुछ खास पल का
कुछ खूबसूरत चाँदनी रातों का
दो पल उस मुस्कुराहट से भरी बातों का
तो कुछ अन सुनें किस्सों का
या जिंदगी के कुछ हिस्सों का।

इंतज़ार उस डूबते हुए सूरज का
तो उस चमकते हुए चाँद का
टूटते हुए तारों का
तो उबरते हुए सितारों का।

ठंड मे गर्मी का
तो गर्मियों मे बारिश का
पतझड़ के बाद नए पत्तों का
तो बसंत मे नए फूलों का।
हर किसी को होता है
इंतज़ार कुछ गुम लम्हों का।

श्रुति

3. खास है वो

गुलाब-सी खिलखिलाती है वो
सूरज सी चमक लेकर;
चाँद की चाँदनी सी मुस्कुराती है वो
बादलों सी ठंडक देकर;
गम के हर पल को खुशी मे बदल दे
कुछ तो खास है वो।

4. तुम्हारा साथ

मंजिल की चाह में
इस भीड़ से भरी राह मे
आगे बढ़ते रहना
उसके साथ में !

अँधेरे में चाँदनी बनकर
धूप में परछाई बनकर
बारिश में छाता बनकर
और
ठंड में कंबल बनकर
बस तुम
साथ निभाती रहना।

5. दोस्त

कुछ कहानी मुस्कुराहट ला देती है
तो कुछ हकीकत आँखे नम कर जाती है
कुछ पल साथ बिताए खूब हँसाते है
तो कुछ उस मुस्कुराहट के पीछे का गम बन जाते है।

रिश्ता कुछ ऐसा ना खून का ना डोर का
निभाते जिसको सब है
रिश्ता कुछ ऐसा होता है दोस्त का ।

तारों भरी रात में बतियातें दो दोस्त
हर गम भुला देते है
लहरों से गुज़र रही अपनी कश्ती को
पार लगाने में वो भी हाथ बढ़ाते है।

6. चेहरा

हँसता हुआ चेहरा अक्सर अच्छा लगता है

गुम रास्तों पर अजनबी भी अपना लगता है

चेहरे पर तो हर कोई छुपाता है

पर दिल के कफ़न में

कई बातें दफनाता है।

7. यह दौड़

खूबसूरत सा था वो नज़ारा

मानो जैसे पल कुछ थम सा गया हो

मेरी रूह को हवाएं छू सी गई हो

पर धूल भरी आँखों के साथ

हम उस पल को भी छोड़ आए

उस मंजिल को पाने की तलब में

हम अपनी ख्वाहिशों से भी मुंह मोड़ आए ।

इस दौड़ में हम कुछ यू खो गए

कि दो पल खुद के साथ बिताना भी भूल गए ।

8. वो

वो सूरज की तरह डूबती रही
दुनिया देखती रही शाम सी
जब चमकी वो उस चांद की
तरह दुनिया निहारती रही रात सी ।

9. एक लम्हा

कुछ तुम कहना

कुछ में कहुँगी

खुले आस्मां के नीचे ठंडी हवाओं मे

रास्तो को भूला कर

कुछ यूं बैठना

अपने दिल की बातों को लफ़्ज़ों मे पिरो कर

हर एक लम्हा जी लेना।

10. कुछ पल

खिड़की पर वो एकदम से दस्तक दे गई
आँखों से नींद चुरा कर
दिल को थोड़ा सुकून दे गई।
कुछ पल साथ बिताने के लिए
आज तो ये बूँदे भी मेरे पर बरस गई।

11. हमसफर

अनसुने किस्सों की तिजोरी थी वो
गुम ताले की चाबी थी वो
उदास चेहरे पर मुस्कुराहट ले आए जो
उस शायर की शायरी थी वो ।

गुलज़ार की ग़ज़ल सी
तानसेन के गीत सी
चमक उठे हर चेहरा सुनकर जिसको
उस संगीत की धुन थी वो ।

बातें कुछ अनकही सी
कुछ अनसुनी सी
रूह के सोते परिंदो को जगा दे
ऐसी कहानी थी वो ।

दर्द पर मरहम बन जाए
खाली पिटारे को खुशियों से भर जाए
सूनी रात को तारों सा चमका जाए
चांद को भी चांदनी से सजा जाए
उस ताले की चाबी थी वो ।

12. चाँद

भरें आसमान मे
तारों के बीच
अलग से दिखना तुम
अंधेरा छा जाए
तो उस चाँद की तरह चमकना तुम।

13. शब्द और तुम

किताब के पन्नों कि ख़ुशबू
उस कलम की मिठास;
हाथों मे पिरोए हुए शब्द
और तुम्हारा साथ।

14. कुछ ऐसी थी वो

कहानी थी या कविता
थोड़ी अनकही सी थी;
समझ आए तो खूबसूरत
वरना अंजान अजनबी सी थी ।

15. एहसास

वो सरराती हुई हवा
तुम्हारे होने का अहसास दिला रही थी
मेरे जुल्फों से खेलकर तुम्हारी तरह
मुझे मीठा-मीठा सता रही थी,
अँधेरे भरे आसमां मे
बादलों के बीच से खिलखिलाते
उस उभरते हुए चाँद की चाँदनी
आज फिर तुम्हारी नई बात बता रही थी
तुमसे मिलने की फिर एक नई राह दिखा रही थी।

16. आवाज

उन मुलाकातों को तू मुट्ठी मे बांध लेना
हस्ते हुए पल को सवार लेना
जब कभी लगे तुझे कि तू अकेला है
एक बार आवाज़ देकर पुकार लेना।

17. सफरनामा

जब उस खूबसूरत दुनिया के हर छोर मे तुम मुझे ढूँढों,
जब मेरी तस्वीर से बातें करते तुम हज़ारो गलियां घूमो,

तब अपनी कलम कि स्याही से
मुझे बयां करना

तिब्बत के दलाई लामा से
मेरे लिए एक सफरनामा भर लाना।

18. श्रुति

बांसुरी की धुन
वेद पुराणों का मधुर गुण
जो दिल को भा जाए
उन्ही दो वर्णो के बीच मे बसी
खूबसूरत **श्रुति** हो तुम

19. कहा ढूँढू तुम्हे

कहा ढूँढू तुम्हें ?
उस पतझड़ के मौसम मे गिरते हुए पत्तों में
या बसंत मे खिलखिलाते फूलों में
सर्दियो मे उस ठंडी हवाओं में
या गर्मी में उभरती हुई धूप में
कहा ढूँढू तुम्हें ?
कभी किसी गुलाबी शाम में
या उस सुनहरी सुबह में
शायद उन तारों भरी रात में
या उस चाँदनी के खूबसूरत चाँद मे
कहा ढूँढू तुम्हें ?

20. मुस्कुराहट

वो मंद मंद मुस्कुराती है
नींद मे थोड़ा मीठा-मीठा सा गुनगुनाती है
अनकहीं सी बातें उसकी
वो आँखों से
बयां कर जाती है

21. एक तस्वीर

एक तस्वीर छुपानी है
लफ़्ज़ों के रंग से
उस कागज़ कि तिजोरी मे
तो तुम बताओ
ज्यादा गहरा रंग किसका है?
ये तारों भरी रात का
या मेरी कलम कि स्याही का?
तुम्हारी लहराती जुल्फों का या
उन खूबसूरत सी आँखों कि पलकों का?

22. हिस्सा

शायरी कहो या कविता
बिखरे अल्फ़ाज़ कहो या पंक्तियाँ
कहानी कहो या किस्सा
या जिंदगी का एक और अधुरा हिस्सा।

23. सुरूर

उस किनारे पर थोड़ा सुकून था
उस चाँद का भी अपना गुरूर था
उन वादियों मे ठहरा वक्त उसका एक नूर था
मगर इन हवाओं मे बहता एक मीठा-सा सुरूर था।

24. वक़्त

अरसो बाद तुम्हें फिर मिठा मिठा सताना है
उस डूबते हुए सूरज और उभरते हुए चाँद के नीचे बैठ कर
हल्का हल्का गुनगुनाना है
आज फिर कुछ वक़्त तुम्हारे साथ बिताना है।

25. लफ़्ज़ों के मोती

जब कभी लगे
तो खूबसूरत लम्हों मे से कुछ लफ्ज़ चुरा लेना
उन लफ़्ज़ों के मोतियों को
तुम धागे में पिरो लेना
उन मोतियों से तुम मेरी
कलाई सवार लेना।

26. तारों की चमक

आँखें जैसे तारों की चमक हो
गहराई उस रात जैसी
लफ़्ज़ों के बादल के पीछे छुपी
पलके जैसे टिमटिमाती हो
खूबसूरती उस चाँद जैसी।

27. एक खत

किनारे पर राह देखते देखते
ये खूबसूरत शाम ढल गई
उसने काली स्याही से
एक खत लिखा था
जिसको आने मे थोड़ी देर हो गई।

28. घुला हुआ समा

वो बालों को सर-सराती हुई हवा
नींदों मे घुला हुआ समा
वो मिट्टी कि खुशबू की हलचल
वो बूंदों की एक ग़ज़ल
सोते होंठो पर मुस्कुराहट ले आए उस पल।

29. पलके

प्यार से सहलाकर
कुछ बूँदे गिर रही हैं
मेरी पलकों को छू कर
आज तो ये भी मुझसे कुछ कह रही है।

30. कृष्ण और अर्जुन

उसने मुझसे कहा ;
तुम लक्ष्य साधोगें
तो गांडीव में बन जाऊँगी
राह भुलोगें
तो गीता की सीख सिखाऊँगी
तुम्हारी साथी हूँ,
इस जीवन रूपी महाभारत में
कहोगें तो कृष्ण सी सारथी बन जाऊँगी।

www.ingramcontent.com/pod-product-compliance
Lightning Source LLC
La Vergne TN
LVHW040323200726
843493LV00015B/2760